Inhalt

Branchenreport BANKEN Ausgabe 2/2014

Branchenreport BANKEN Ausgabe 2/2014

Andreas Menzen

Kernthesen

- Deutschlands und Europas Großbanken stehen den Ergebnissen des großen Bilanzchecks der Europäischen Zentralbank (EZB) zufolge finanziell auf einem festen Fundament.
- Aus Deutschland hatte nur die Münchener Hypothekenbank zum Stichtag zu wenig hartes Kernkapital. Die Bank hat aber mittlerweile nachgebessert und erfüllt damit ebenfalls die Anforderungen der neuen Bankenaufsicht durch die EZB.
- Obwohl damit alle deutschen Großbanken als krisenfest eingestuft werden, kämpfen

die Institute weiter mit Problemen. Dies sind die Niedrigzinsphase, faule Kredite und eine allgemein unzureichende Ertragslage.

- Die Bilanzzahlen der deutschen Banken zeichnen hingegen ein positives Bild. Einzelne Großbanken wie die Commerzbank, die KfW und die DZ-Bank melden sogar Rekordergebnisse.

Beitrag

Der deutsche Bankenmarkt

Das Jahr 2014 steht für die deutschen und europäischen Banken ganz im Zeichen der Bankenunion. Diese besteht neben der Schaffung eines Abwicklungsfonds für insolvente Banken und verpflichtenden Bestimmungen zur Einlagensicherung aus der einheitlichen Überwachung der 130 größten europäischen Banken durch die Europäische Zentralbank. Die als Single Supervisory Mechanism (SSM) bezeichnete Aufsichtsfunktion hat die EZB am 4. November übernommen. Um sich über die zu beaufsichtigenden Banken ein umfassendes Bild zu verschaffen, hat die EZB alle 130 systemrelevanten Großbanken einem groß angelegten Bilanz- und Stresstest unterzogen.

Dessen Ergebnisse liegen seit wenigen Wochen vor.

Den deutschen Geldhäusern attestiert der Bilanztest eine solide Verfassung. Nur die Münchener Hypothekenbank war zum Stichtag - der noch im Jahr 2013 lag - unterkapitalisiert, hat aber zwischenzeitlich ihr Kernkapital aufgestockt und gilt darum ebenfalls als krisenfest. Europaweit waren es 25 Institute, die zum Stichtag unterkapitalisiert waren, jedoch haben inklusive der Münchener Hyp zwölf Institute nachgebessert, so dass nur 13 Banken den aktuellen Anforderungen nicht genügen. Für die deutschen Institute kam das gute Zeugnis in einigen Fällen überraschend. So hatte man die Commerzbank und die nordischen Landesbanken HSH Nordbank und NordLB als Wackelkandidaten eingestuft. Nimmt man nur den Bilanz- und Stresstest der neuen Bankenaufsicht als Messlatte, steht der deutsche Kreditsektor damit gut da.

Gleichwohl haben die deutschen Banken einige Probleme zu bewältigen. So ist schon seit Jahren bekannt, dass es der hart umkämpfte deutsche Bankenmarkt den Instituten sehr schwer macht, auch nur ihre Kapitalkosten zu verdienen. Ein Übriges tun die niedrigen Zinsen. Die deutschen Banken gelten im internationalen Vergleich als zu abhängig vom Zinsüberschuss, was derzeit dazu führt, dass die Erträge noch geringer ausfallen als vor der Niedrigzinsphase. Den deutschen Geldhäusern wird von Experten daher attestiert, dass sie zwar krisenfest sind, jedoch nicht profitabel. Die guten Geschäftszahlen vieler deutscher Kredithäuser sind demnach lediglich eine Folge der billigen Refinanzierungsmöglichkeiten bei der EZB. Für die niedrige Profitabilität spricht die überaus niedrige Eigenkapitalrendite der deutschen Banken. Diese soll einer aktuellen Untersuchung zufolge in den Jahren 2011 bis 2013 bei nur 1,6 Prozent gelegen haben. Dies bedeutet, dass Aktionäre und andere Eigentümer für 100 eingesetzte Euro gerade einmal 1,60 Euro jährlich als Rendite zurückbekommen haben. An diesen Befund knüpft sich die im vergangenen Jahr immer öfter gestellte Frage nach den Geschäftsmodellen der deutschen Banken an. So wird insbesondere den Landesbanken schon lange unterstellt, seit dem Wegfall der Staatsgarantien und dem damit einhergehenden Ende der Refinanzierungsprivilegien über kein tragfähiges Geschäftsmodell zu verfügen. Bei der in unzählige Gerichtsprozesse verstrickten Deutschen Bank indessen wird immer klarer, dass Illegalität hier ein Teil des Geschäftsmodells geworden ist.

Neben ihrer schwierigen Ertragslage kämpfen deutsche Banken nach wie vor mit einer hohen Zahl fauler Kredite. Dies war bis zum EZB-Bilanztest so nicht bekannt, doch haben die Prüfer ermittelt, dass in den Büchern der europäischen Großbanken 136

Milliarden Euro mehr an notleidenden Krediten verborgen sind als angenommen. Insgesamt haben die 130 Großbanken 879 Milliarden Euro als Kredite vergeben, die sie möglicherweise abschreiben müssen.

In Deutschland sind es insbesondere die stark im Schiffsbaugeschäft engagierten nordischen Landesbanken, die auf einem Berg fauler Finanzierungen sitzen. Bei der HSH Nordbank stellten die EZB-Prüfer eine Quote notleidender Kredite von 17,7 Prozent aller getätigten Ausreichungen fest. Auf solch einen hohen Anteil kommt sonst kein anderes deutsches Kreditinstitut. Auch die Commerzbank muss für ihre Schiffsfinanzierungen Rückstellungen bilden.

Die hohe Aufmerksamkeit für den Bilanztest der neuen Bankenaufsicht hat ein anderes für den Kreditsektor wichtiges Thema fast ganz in den Hintergrund gerückt. Dies sind die neuen Richtlinien des Baseler Ausschusses für Bankenaufsicht, kurz Basel III genannt. Die seit diesem Jahr umzusetzenden EU-Richtlinien CRR (Capital Requirements Regulation) und CRD IV (Capital Requirements Directive) bedeuten einen Meilenstein in der europäischen Bankenregulierung. CRR richtet sich dabei - wie die Vorgaben des SSM - auf die Eigenkapitalausstattung der Banken und gibt eine maximale Verschuldungsquote vor (Leverage Ratio).

Die Deutsche Bundesbank - die zusammen mit der

Bundesanstalt für Finanzdienstleistungsaufsicht Bafin die nationale Bankenaufsicht in Deutschland übernimmt - attestiert den deutschen Banken bei der Umsetzung von Basel III gute Fortschritte. Demnach haben 44 deutsche Banken, die an einer Basel III-Auswirkungsstudie teilgenommen haben, ein über der Zielquote von sieben Prozent liegendes hartes Kernkapital. Die kleineren Banken weisen dabei eine durchschnittliche Quote von 13,4 Prozent auf. Die acht größten deutschen Banken, darunter fünf Landesbanken, liegen mit einer harten Kernkapitalquote von 9,4 Prozent ebenfalls über dem geforderten Wert. Nachholbedarf haben die deutschen Banken indessen bei der Einhaltung der Leverage Ratio, die aber ohnehin umstritten und noch nicht abschließend definiert ist.

Ein Fazit über den deutschen Kreditsektor fällt damit gemischt aus. Einerseits verfügen die Banken über genügend hartes Kernkapital, um kommende Krisen aushalten zu können. Andererseits verdienen sie zu wenig Geld für eine auskömmliche Zukunft - was die Institute dafür anfällig machen könnte, sich irgendwann noch einmal an renditeträchtigen und zugleich toxischen Experimenten die Finger zu verbrennen. Nicht überzeugen kann bei vielen Banken auch das Geschäftsmodell - einfach weil es oft gar keines gibt. Da die europäische Zentralbank bei ihrer in diesem Monat startenden Aufsicht auch die

Geschäftsmodelle und deren Nachhaltigkeit im Auge behalten wird, könnte dies für einige deutsche Banken in der Zukunft strenge Auflagen nach sich ziehen. (1), (2), (3), (4), [Abb. 1]

Unternehmen im Markt

Deutschlands Vorzeigebank war einmal die **Deutsche Bank**, die aber infolge ihrer unzähligen Rechtsverfehlungen heute eher wie ein kriminelles Syndikat dasteht. Nach eigenen Angaben ist die Bank in eintausend Rechtsstreitigkeiten verwickelt, was deutlich macht, dass die Einhaltung von Gesetzen, Regeln und guten Sitten im Geschäftsmodell keine Rolle mehr gespielt hat. Derzeit zahlt die deutsche Bank die Zeche für ihre morbide Unternehmenskultur. Auch die Gewinne aus dem dritten Quartal dieses Jahres müssen wieder fast komplett für die Begleichung von Strafen und für die Bezahlung von Anwälten geopfert werden. Insgesamt hat die Deutsche Bank bisher mehrere Milliarden Euro für ihre Rechtsverfehlungen zurückgelegt, die Angaben schwanken dabei zwischen drei und sechs Milliarden Euro. Von den erzielten Überschüssen bleibt damit nichts mehr übrig. Im dritten Quartal rutschte die Deutsche Bank mit 92 Millionen Euro ins Minus.

Nach neueren Berichten ist die Deutsche Bank auch

noch in Manipulationen von Wechselkursen verstrickt. Alleine hierfür sind, aktuellen Schätzungen zufolge, bis zu 6,5 Milliarden US-Dollar fällig, die die Bank als Strafe an US-Behörden zahlen muss. Für die Manipulation der europäischen Referenzzinssätze hat die Frankfurter Skandalbank an die Europäische Union 725 Millionen Euro überwiesen, mit den US-Behörden steht jedoch eine Einigung noch aus. Es ist denkbar, dass die Deutsche Bank auch für dieses Einzelvergehen wieder einen siebenstelligen Betrag wird berappen müssen.

Angesichts der Zahl der Vergehen und ihren finanziellen Folgen fällt es schwer, die deutsche Bank noch nach den Kategorien eines normalen Geldhauses zu betrachten. Anleger indessen interessiert es schon, dass der frühere Branchenprimus wegen dieser Vergangenheit den dritten Quartalsverlust in 2 ½ Jahren ausweisen muss. Der Vorsteuergewinn von 266 Millionen Euro im dritten Quartal und die eigentlich positive Tatsache, dass alle Unternehmensbereiche Gewinne abwarfen, können daran wohl auch in den nächsten Quartalen noch nicht viel ändern. (5), [Abb. 2]

Bei der **Commerzbank** freut man sich nicht nur über den souverän gemeisterten Stresstest. Auch das Geschäftsjahr 2014 verläuft so gut, dass das Unternehmen mit dem besten Jahresergebnis seit 2010 rechnet. Nachdem in den letzten zwei Jahren nur zweistellige Millionengewinne erzielt wurden, hat die Commerzbank in diesem Jahr nach neun Monaten vor Steuern schon 924 Millionen Euro verdient. Der hohe Gewinn ist unter anderem die Folge der erfolgreichen Anstrengungen der Bank, im deutschen Privatkundengeschäft wieder stärker Fuß zu fassen. Die Paradesparte Mittelstandsfinanzierung glänzte dieses Jahr durch niedrige Risikokosten. Der Abbau von Risiken bei Schiffs- und Immobilienkrediten gelingt ebenfalls ohne größere Verluste.

Auch Deutschlands zweitgrößte Bank hat allerdings eine Leiche im Keller, die die derzeit gute Stimmung deutlich trübt. So steht die Commerzbank - wie auch die Deutsche Bank - im Verdacht, US-Sanktionen im Geldverkehr mit dem Iran gebrochen zu haben. Wie saftig eine von den US-Behörden für ein solches Vergehen ausgesprochene Strafe ausfallen kann, hat in diesem Jahr die französische Großbank BNP Paribas erleben müssen. Fast neun Milliarden US-Dollar Bußgeld und eine einjährige Sperre für den Handel mit Devisen bedeuten für BNP einen finanziellen Kraftakt, der das Unternehmen in seinem Fundament erschüttert. Sollte die Commerzbank genauso drakonisch bestraft werden, wäre der derzeit gefeierte Jahresüberschuss nur noch eine Petitesse. (6)

Deutschlands Vorzeigebank ist seit einigen Jahren nicht mehr die Deutsche Bank, sondern die **Kreditanstalt für Wiederaufbau (KfW).**

Zusammen mit der ebenfalls in Bundesbesitz befindlichen Landwirtschaftlichen Rentenbank und 16 Förderbanken der Länder betreibt die KfW ein risikoarmes Geschäft, das trotzdem enorme Gewinne abwirft. Dies liegt an der bestehenden Staatshaftung, die es den Förderbanken ermöglicht, sich besonders günstig zu refinanzieren. Ihr Geschäftsmodell richtet sich auf die Finanzierung von Vorhaben und Projekten, die im öffentlichen Interesse sind. Spätestens seit der Finanzkrise gelten die Förderbanken mit ihrem seriösen Geschäftsmodell, das nicht auf Gewinnmaximierung ausgerichtet ist, als ein wichtiger Stabilitätsanker des deutschen Bankenmarkts und Stützpfeiler der Realwirtschaft.

Die KfW agiert dabei so erfolgreich, dass sie in den letzten Jahren zur Nummer drei unter den deutschen Großbanken aufgestiegen ist. Auch 2014 wird sie wieder ein Rekordergebnis einfahren. So hat die KfW in den ersten neun Monaten dieses Jahres mit einem Gewinn von 1,3 Milliarden Euro schon 40 Prozent mehr verdient als im Vorjahreszeitraum. Auch ihre Wettbewerber Deutsche Bank und Commerzbank hängt sie damit in diesem Jahr ab.

Bei ihrer Geschäftsausrichtung ist die KfW nicht mehr nur auf den deutschen Markt fokussiert. Zu dem 2014 deutlich ansteigenden Auslandsgeschäft gehört beispielsweise die Finanzierung des Baus mehrerer Kreuzfahrtschiffe. Das infolge der

Niedrigzinsen gesunkene Zinsergebnis wurde durch die positive Entwicklung des Wertpapier- und Beteiligungsportfolios aufgefangen. (7)

Die deutschen Landesbanken und die ebenfalls zur Sparkassen-Finanzgruppe gehörende **Dekabank** haben zum Halbjahr solide Ergebnisse präsentiert. Darüber hinaus haben die fünf teilnehmenden Landesbanken den Stresstest der EZB bestanden, was im Fall der **HSH Nordbank** und der **NordLB** nicht von allen Experten erwartet worden war. In den letzten Jahren waren die Landesbanken vornehmlich damit beschäftigt, Risiken abzubauen und sich auf ein gesundes Fundament zu stellen. Hohe Gewinnziele standen nicht auf der Agenda. In diesem Jahr lässt sich indessen feststellen, dass die Landesbanken ihre von der Finanzkrise aufgegebenen Hausaufaufgaben langsam zu Ende bringen und sich wieder verstärkt auf ihre normale Geschäftstätigkeit konzentrieren.

Die **Landesbank Hessen-Thüringen (Helaba)** hat im ersten Halbjahr mit einem Vorsteuergewinn von 322 Millionen Euro das Vorjahresergebnis nur knapp verfehlt. Ins Auge fällt der um neun Prozent gestiegene Zins- und Provisionsüberschuss, der trotz des niedrigen Zinsniveaus erreicht wurde.

Die **Landesbank Baden-Württemberg (LBBW)** hat im ersten Halbjahr ein um zwei Prozent niedrigeres Ergebnis erzielt als im Vorjahreszeitraum.

Der Vorsteuergewinn betrug 259 Milliarden Euro. Im Vordergrund steht bei der mit Steuermitteln geretteten LBBW allerdings nach wie vor der Abbau der bis 2008 in enormem Umfang aufgetürmten Risiken. So hatte das so genannte Kreditersatzgeschäft - mit dem der Kauf hoch riskanter Kreditverbriefungen der Kategorie Subprime gemeint war - vor sechs Jahren noch einen Umfang von phantastischen 95 Milliarden Euro. Diese Giftpapiere hat die LBBW bis zur Mitte dieses Jahres auf nur noch acht Milliarden Euro abgebaut. Seitdem ist das Verbriefungsportfolio nach Angaben der LBBW noch einmal um 4,7 Milliarden Euro zurückgegangen, indem die Forderungen an internationale Investoren weiterverkauft wurden. Damit ist die LBBW bei dem während der Finanzkrise eingeschlagenen Weg der Portfoliobereinigung fast schon am Ziel. Auch auf die Kernkapitalquote wirkt sich die Risikominimierung positiv aus. Diese liegt jetzt bei beruhigenden 14,4 Prozent.

Die **BayernLB** hat trotz gestiegenen Zinsüberschusses im ersten Halbjahr 2014 einen gegenüber dem Vorjahreszeitraum um 35 Prozent niedrigeren Vorsteuergewinn erwirtschaftet. Die Bank ist allerdings noch besonders stark damit beschäftigt, ihr Kundengeschäft zu stabilisieren und Kosten zu senken. Die **NordLB** konnte ihr Halbjahresergebnis mit 348 Millionen Euro vor Steuern im Vergleich zum

Vorjahr mehr als verdreifachen. (8)

Die **Sparkassen-Gruppe** und die **Genossenschaftsbanken** haben für 2014 noch keine Geschäftszahlen veröffentlicht. 2013 war für beide Bankengruppen sehr erfolgreich verlaufen, die Gewinne lagen über den Ergebnissen der privaten Großbanken.

Einen Erfolg haben die Bankengruppen auch bei den Verhandlungen mit der EU über die Einzahlung in den Abwicklungsfonds erzielt. Für die Ausstattung des Fonds mit 55 Milliarden Euro sollten nach dem ersten Entwurf auch die Sparkassen sowie Volks- und Raiffeisenbanken zur Kasse gebeten werden, was diese aber ablehnen. Nach ihrer Argumentation wird der Fonds nur von solchen Banken in Anspruch genommen werden, die wegen ihrer hoch riskanten Geschäfte in Schieflage geraten. Ein solches Szenario schließen die beiden auf das Retailbanking spezialisierten Bankengruppen für sich selbst aber aus. Auf diesen Widerstand wurde seitens der Europäischen Union kürzlich reagiert, Kleinbanken können demnach mit Erleichterungen rechnen. Der aktuelle Entwurf sieht für Kredithäuser mit einer Bilanzsumme unter einer Milliarde Euro vor, dass sie sich lediglich pauschal mit einem Betrag zwischen 1000 und 50 000 Euro an dem Fonds beteiligen. (9), (14)

Die **Dekabank** ist der zentrale Fondsanbieter der

Sparkassen. Das Frankfurter Institut musste im ersten Halbjahr deutliche Rückgänge beim Neugeschäft verbuchen, hat aber dennoch einen Gewinn in der Höhe des als erfolgreich bewerteten Vorjahres erzielt. (10)

Eines der beiden Spitzeninstitute des genossenschaftlich organisierten Kreditsektors ist die **DZ Bank**. Sie erwartet nach einem glänzenden ersten Halbjahr 2014 für das Gesamtjahr ein Rekordergebnis. Die DZ Bank setzt damit ihren Aufstieg weiter fort; 2012 hatte die Bank mit 2,2 Milliarden Euro den letzten Rekord eingefahren, 2013 lag das Ergebnis bei ebenfalls stattlichen 1,3 Milliarden Euro. In den ersten beiden Quartalen dieses Jahres lag der Gewinn bei 1,7 Milliarden Euro. Zum Vergleich: In der Sparkassen-Finanzgruppe erwirtschafteten die vier größten Landesbanken LBBW, Bayern LB, Helaba und Nord LB im ersten Halbjahr zusammen weniger als 1,4 Milliarden Euro (vor Steuern). (11)

Das zweite Spitzeninstitut der Kreditgenossen, die **WGZ Bank**, hat solide Zahlen vorgestellt, die aber lange nicht an das Niveau der DZ Bank heranreichen. Die WGZ veröffentlicht ihre Zahlen sowohl nach dem internationalen Standard IFRS als auch nach HGB, was die Ergebnisse unübersichtlich werden lässt. Nach Angaben der Bank liegt der IFRS-Halbjahresüberschuss von 177,2 Millionen Euro um zehn Prozent unter dem Wert des Vorjahres, nach

HGB indessen wurde ein Überschuss von 37,5 Millionen Euro nach Steuern erzielt. (12)

Für die **Bausparkassen** sind die goldenen Zeiten infolge der niedrigen Zinsen augenscheinlich erst einmal vorbei. So ist das Neugeschäft bei Schwäbisch Hall im ersten Quartal 2014 um die Hälfte auf 400 000 Verträge zurückgegangen. Noch schlimmer hat es die Debeka getroffen. Das Netto-Neugeschäft der zu den Sparkassen gehörenden Landesbausparkassen (LBS) sank aber um 1,6 Prozent auf 18,1 Milliarden Euro. Für die erfolgsverwöhnten Bausparkassen - in Deutschland neun öffentlich-rechtliche Landesbausparkassen und zwölf private Institute - ist dies eine ungewohnte Situation. Der Grund für den Rückgang sind die niedrigen Zinsen, die mittlerweile auch auf Bausparguthaben gezahlt werden. Zwischen 0,3 und einem Prozent betragen die Bausparzinsen derzeit, was viele Bürger davon absehen lässt zu sparen. Stattdessen wird das Geld in den Konsum gesteckt oder auf die Banken gebracht, wo der Sparer die gleichen Minizinsen erhält. Niedrige Zinsen und gleichzeitig niedrige Inflation haben dafür gesorgt, dass die Sparquote generell zurückgeht. Die Bausparkassen geraten damit gleich von zwei Seiten unter Druck. Zum einen sinken die Einlagen der Sparer, zum anderen finden sie - wie die Versicherer - kaum noch Möglichkeiten, das Bauspargeld gewinnbringend anzulegen. Einen Lichtblick bilden

nur die Wohn-Riester-Verträge, die infolge sehr
günstiger gesetzlicher Rahmenbedingungen immer
noch boomen. Richtig gut wird es den Bausparkassen
aber erst wieder gehen, wenn die Zinsen im Euro-
Raum eines Tages wieder ansteigen. (13)

Internationaler Bankenmarkt

Der Bilanz- und Stresstest der Europäischen
Zentralbank hat ergeben, dass die 130 größten
Banken des Euro-Raums für eine neue Finanzkrise
prinzipiell gut gerüstet sind. Den 13 Banken, die auch
ein Jahr nach dem Stichtag nicht über genügend
Kernkapital verfügen, fehlen zusammen 9,5 Milliarden
Euro, die von den Prüfern jedoch als machbar
eingestuft werden. Gleichwohl hat der Test klare
Verlierer-Länder zutage gefördert. Dies sind Italien
und Griechenland, die mit ihren Banken bei den
Durchfallern übermäßig stark vertreten sind.
Überraschend gut haben indessen die bis vor kurzem
noch vor der Pleite stehenden spanischen Banken
den Test absolviert.

Im Vergleich mit der internationalen Bankenwelt
steht Europas Kreditsektor dennoch nicht besonders
gut da. Eine Studie der Europäischen Union
bemängelt, dass Europas Bankensektor sowohl zu
groß als auch zu verschuldet ist. Darüber hinaus
erbringen die Geldhäuser nach Ansicht des EU-

Systemrisikorats zu wenig positive Beiträge für die Realwirtschaft. (2), (15)

Ein Blick auf die globale Bankenwelt zeigt allerdings auch, dass alle Banken zusammen 2013 so viel Geld verdient haben wie noch nie. Die eintausend weltweit kapitalstärksten Institute der Erde haben für das vergangene Jahr einen Gewinn von 920 Milliarden US-Dollar gemeldet, die gegenüber dem Vorjahr ein Plus von 23 Prozent ausmachen. Bisheriges Rekordjahr war 2006, in dem 786 Milliarden US-Dollar zu Buche standen. Fast ein Drittel der weltweit erwirtschafteten Gewinne geht mittlerweile auf Konten von chinesischen Banken. US-Geldhäuser haben am Gesamtgewinn einen Anteil von 20 Prozent.

Gemäß der Zahl der Institute unter den weltweiten Top-1000 sind die USA immer noch der dominierende Bankenmarkt auf dem Globus. 167 der weltweit größten Banken haben ihren Heimatstandort in den USA, aus China kommen 163 Banken. Drittgrößtes Bankenland ist Japan mit 94 Adressen, Deutschland rangiert mit 35 Banken auf Platz sieben.

Auch wenn China immer noch weniger Banken im Topsektor platzieren kann als die USA, ist das Land dennoch auf dem Weg zur Banken-Supermacht. Dies belegen insbesondere die Top-10 der größten Banken weltweit. Ganz oben steht seit 2012 die Industrial and Commercial Bank of China (ICBC). Seit 2013 ist auch der zweite Platz von einer chinesischen Bank besetzt, der China Construction Bank. Die Agricultural Bank of China liegt auf dem neunten Platz. US-Banken rangieren auf den Plätzen drei, vier, sechs und acht. (17)

Trends

Deutschlands Banken unter Druck

Deutschlands Banken haben es nicht nur mit niedrigen Zinsen und einer generell schwierigen Ertragslage zu tun. Auch die Zahl der Wettbewerber steigt stetig an - insbesondere aus dem Internet. So ist beispielsweise die Interhyp, eine Tochter der holländischen ING Gruppe, zum größten Kreditvermittler für Immobilienfinanzierungen aufgestiegen. Auch der Internet-Bezahldienst Paypal nimmt den etablierten Banken Geschäfte weg. Weitere Konkurrenz droht durch neue Anbieter mit den noch wenig bekannten Anbietern Quirion, Easyfolio, Wikifolio oder Financescout24.

Als ein weiterer Trend kann es gelten, dass sich die Realwirtschaft zunehmend von den etablierten Banken unabhängig zu machen versucht. Prägnantes Beispiel ist der mittelständische Werkzeugmaschinenhersteller Trumpf, der kürzlich seine eigene Hausbank gegründet hat. Die Trumpf-Bank verfügt über eine Vollbanklizenz der Bundesanstalt für Finanzdienstleistungsaufsicht (BaFin) und will nicht nur die Unternehmensfinanzierung übernehmen, sondern auch Tages- und Festgeldkonten anbieten. Seit der Finanzkrise haben sich bereits 16 Nichtbanken eine deutsche Bankenlizenz besorgt, darunter die Ikea-Tochter Ikano. (16)

Zahlen & Fakten

Abbildung 1: Noch Leichen im Keller

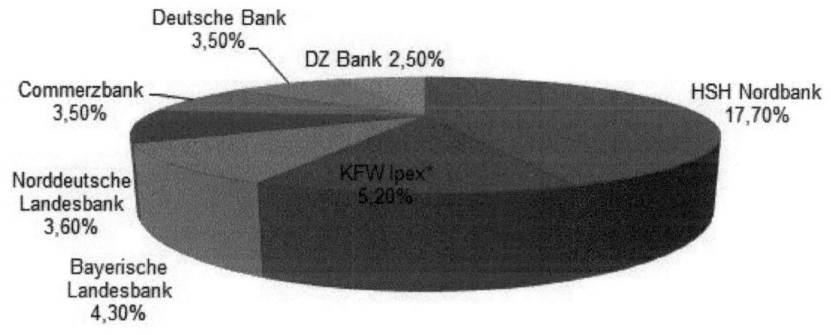

Faule Kredite bei großen deutschen Banken
Anteil überfälliger Forderungen am Gesamt-Kreditbestand

Deutsche Bank 3,50%

DZ Bank 2,50%

Commerzbank 3,50%

HSH Nordbank 17,70%

Norddeutsche Landesbank 3,60%

KFW Ipex* 5,20%

Bayerische Landesbank 4,30%

* = Exportkredit-Tochter der KfW

GBI-Genios Grafik

Quelle: Europäische Zentralbank Entnommen aus: Wirtschaftswoche, 03.11.2014, Nr. 45, S. 64

Abbildung 2: Deutsche Bank handelt am meisten

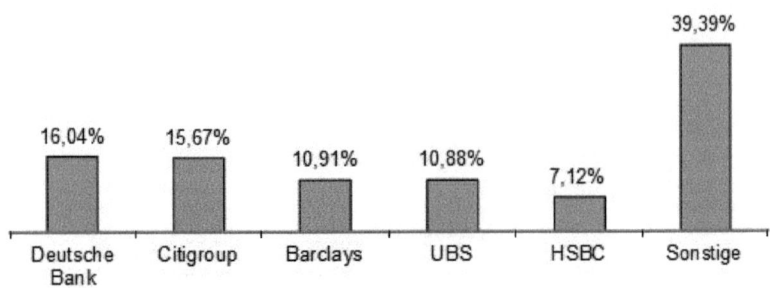

Marktanteile der Top-5 Banken am Devisenhandel 2014

Quelle: Euromoney Entnommen aus: Handelsblatt, Nr. 90, S. 40

Abbildung 3:

Eurozone hinkt hinterher

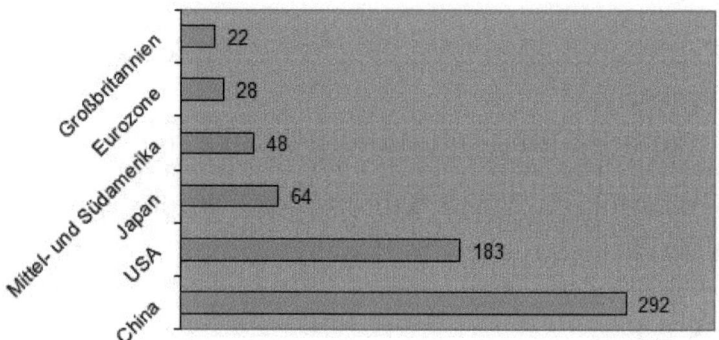

Internationale Bankenmärkte im Vergleich
Vorsteuergewinne 2013 in Milliarden US-Dollar

GBI-Genios Grafik

Quelle: The Banker Entnommen aus: Die Bank, Nr. 10/2014, S. 24-28

Weiterführende Literatur

(1) Deutsche Banken sind stabil, aber ohne echte Perspektive
aus DIE WELT, 28.10.2014, Nr. 251, S. 9

(2) 25 Banken fallen durch EZB-Stresstest - eine deutsche, neun italienische
aus manager-magazin.de vom 26.10.2014

(3) Basel III: Deutsche Banken gut im Plan
aus RISIKO MANAGER Nr. 20 vom 02.10.2014

(4) Die EZB im heiklen Spagat
aus Frankfurter Allgemeine Zeitung, 01.11.2014, Nr. 254, S. 19

(5) Rechtsrisiken reißen Deutsche Bank wieder in die Verlustzone
aus manager-magazin.de vom 29.10.2014

(6) Commerzbank auf Kurs zu Milliardengewinn im Jahr 2014
aus Frankfurter Allgemeine Zeitung, 07.11.2014, Nr. 259, S. 22

(7) KfW steigert Fördervolumen
aus AssCompact Nr. 09 vom 04.09.2014 Seite 72

(8) Halbjahresbilanzen Solide aufgestellt
aus Die SparkassenZeitung, 29.08.2014, Nr. 35, S. 1

(9) "Entlastung kurz vor Toresschluss"
aus Die SparkassenZeitung, 24.10.2014, Nr. 43, S. 1

(10) DekaBank muss sich kräftig ins Zeug legen
Fondsgeschäft verläuft schleppend - Erfreulicher Absatz vor allem von Retailzertifikaten - Ertragslage zur Jahresmitte stabil
aus Börsen-Zeitung, 27.08.2014, Nummer 163, Seite 2

(11) DZ Bank macht mehr Gewinn als vier Landesbanken
aus Frankfurter Allgemeine Zeitung, 30.08.2014, Nr. 201, S. 23

(12) WGZ-Bank sieht sich auf Kurs
aus Agra-Europe (AgE), 55. Jahrgang Nr. 36 vom
01.09.2014

(13) Die goldenen Zeiten für die Bausparkassen sind
vorbei
aus Börsen-Zeitung, 13.08.2014, Nummer 153, Seite 8

(14) Genossenschaftsbanken und Sparkassen
entlastet
aus Süddeutsche Zeitung, 22.10.2014, Ausgabe
München, Bayern, Deutschland, S. 26

(15) Europabanken Experten raten zum Abnehmen
aus Die SparkassenZeitung, 04.07.2014, Nr. 27, S. 3

(16) Maschinenbauer mit eigener Bank
aus Zeitschrift für das gesamte Kreditwesen 18 vom
15.09.2014 Seite 906

(17) Bankensupermacht China
aus Die Bank, Heft 10/2014, S. 24-28

Impressum

Branchenreport BANKEN Ausgabe 2/2014

Bibliografische Information der deutschen Nationalbibliothek

Die Deutsche Nationalbibliothek verzeichnet diese Publikation in der deutschen Nationalbibliografie; detaillierte bibliografische Daten sind im Internet über http://dnb.d-nb.de abrufbar.

ISBN: 978-3-7379-5658-1

© 2015 GBI-Genios Deutsche Wirtschaftsdatenbank GmbH, Freischützstraße 96, 81927 München, www.genios.de

oder ähnliche Einrichtungen und die Einspeicherung und Verarbeitung in elektronischen Systemen.